심포니, 소실점 뒤의 오브제를 위한

이선락 시집

심포니, 소실점 뒤의 오브제를 위한

1판 1쇄 인쇄 2025년 9월 15일
1판 1쇄 발행 2025년 9월 30일

지은이 이선락

발행처 문학의숲
발행인 고찬규

신고번호 제 2005-000308 호
신고일자 2005년 10월 14일

주소 (121-896) 서울특별시 마포구 양화로7길 84
전화 02-325-5676
팩스 02-333-5980

저작권자 ⓒ 2025 이선락
이 책의 저작권자는 위와 같습니다. 저작권자의 동의 없이
내용의 일부를 인용하거나 발췌하는 것을 금합니다.

ISBN 979-11-87904-50-2(03810)

심포니, 소실점 뒤의 오브제를 위한

이선락 시집

문학의숲

차례

프롤로그
게놈의 아포리아 ・009

1부. 검거나 빨갛거나 하얀, 또는 Vacuous Cubism

날아가는 것들도 가끔은 졸까?	・013
하얀 중심에서 읊기	・014
철조망까지만 말 할게	・015
기울다 할喝	・016
종이 뒷면엔 빨간 아ㅎㅣ들 산다	・017
빈 페이지에 대한 추측	・019
피타고라스의 정리	・022
화이트 큐비즘	・023
4/9, 금	・024
별☆	・025
구성 Ⅳ	・026
플레시몹	・028
066669	・030

2부. 마시마로 리모델링

굿모닝, 플라△☆@!	・033
어떤 ㅅ 껙까ㄹ에 대해 이야기할 때 우리는 일시 중지되었습니다	・035
그림(가장자리에서 자라나는)의 해부학	・037
설치 no. 23	・039
도형들은 겹치거나 줄줄 새거나	・041
소수素數를 좋아하세요?	・042
햇빛, 관계항	・043
불이선란도	・044
빙점의	・046
늦은 점심으론 순두부 보쌈이 알맞을까	・048
마시마로 리모델링	・049
공중화장실에서 소라크테스를 읽다	・050
i 를 촬영하다	・051

3부. 13에서 시작되는 빗변

13에서 시작되는 빗변	·055
어떤 역삼각형 부검소견서	·056
공간구성 Ⅱ .₉	·057
흘러내리는 것이 있는 전람회	·058
무제 풍크툼	·059
어둠의 삼원색	·060
검은 아치와 함께	·062
뭉크를 듣는 저녁	·063
당신의 꿈속에서 가끔은 졸아도 되겠습니까?	·065
지하철 판타지	·066
퇴적된 물에 이르는	·067
우리가 껍질을 함께 버릴 수 있겠습니까?	·068

4부. 일곱 페이지의 단터 l 와 이면지의 베ㅇ트…

소실점 근처를 머뭇거리다	·073
i (?~ 2057. 12. 28), 우화 이후	·075
4악장을 위한 소네트	·076
석양증후군이 있는	·077
눌림, 추상	·079
무인카페	·080
구간 단축마라톤	·081
일곱 페이지의 단터 l 와 이면지의 베ㅇ트…	·082
아트 페어	·090
( )의 구겨짐에 대한	·091
스크래치	·093

에필로그

물구나무를 서는 아침	·097
약속, ……의 묶음	·099

프롤로그

게놈의 아포리아

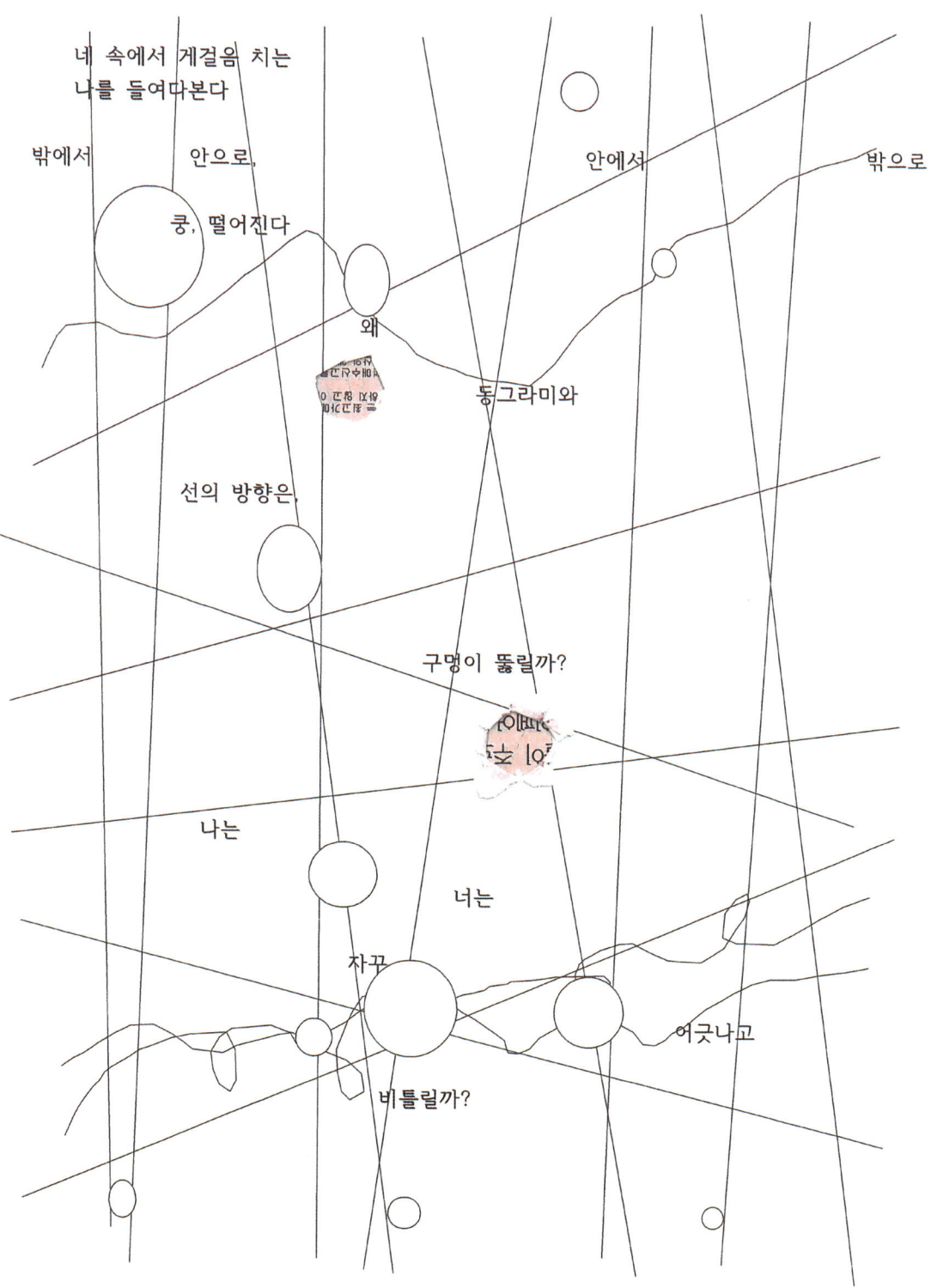

1부.
검거나 빨갛거나 하얀, 또는 Vacuous Cubism

날아가는 것들도 가끔은 졸까?

돌을 펼쳤다 거품이 부채꼴로 쌓인
28, 29쪽 사이 발자국들 어질러져 있다

새들도 심심할 때가 있나 봐, 갈피에다 발자국이나 흘리다니……

손톱 쿡쿡, 싹이 난 발자국을 긁으면
잠들었던 새 한 마리 깨어나고

바람도 없는데, 새 날아오른다
텅, 스물아홉 또는

알고 싶은 건 없어, 바람 한 다발쯤 필요할 뿐이야

            *

돌에도 거품이 싹트네?
팔매질하며

까마귀가 나는 토요일* 속으로 날아갈까,

깨진 창이야, 이미 산란하는 햇살. 뜬금없이

까마귀 떼 달려 나가고
구불구불한 구름 날아가고

부채꼴 밖으로 쏟아지는 새소리

            *

반지하 30쪽엔 뿌리가 하얀 돌들 끈적거린다 발자국들
거품 속으로 묻혀가고

얼굴, 납작한 광대 돌 하나 만져진다 막, 31쪽으로
번져나가는

*고흐, 「까마귀가 나는 밀밭」 변주

어떤 문은 저 혼자 닫힙니다 안으로 잠기기도 하죠

틈이 사라지면 문밖이 남을까요?

나는 누군가를 안에 두고 문밖에 있습니다 잃어버린 것도 아닌데

밖이 쌓인 창엔 수직으로 우는 울음

*역삼각 눈물이야, 어제 뱉은
안과 밖은 한통속일까요?*

하얀 중심*에서 읊기

*이런 안팎,
간밤에 본 영화의 엔딩 컷?*

등 뒤로 그림자가 배어 나옵니다 지나간 몸짓들 한꺼번에 젖죠

빗변을 떠올립니다 플라토닉 장난감들 미끄러져 내리던

뒤집어지면 송곳니로 씹은 낱말들 쏟아질 수도 있어요

종이 위의 그림자, 접힐 때가 있죠 속이 하얘지기도 하는

* 마크 로스코. 「white center」 1957년

철조망까지만 말 할게

지붕에서
한 말ㅆ·ㅁ 어긋난다

그래, 몸짓과 말을 나란히 세우면 어긋날 때가

고양이가 숨어버렸, 쥐 한 마리 도사리……
흰, 종이에 뾰족한 것이

철조망 너머엔 빈말 따위, 컥컥 살아내고 있어

머리말도 꼬리도 자르다 보면
야옹, 따윈 저 너머로 흘러가지만
잘린…………………………………………야

입에 피 묻은 고양이에게 말을 가르치……
무슨 까닭일까, 빨간 입술로 하얀 말을 뱉는

말을 거는 것들, 몸짓을 듣는 사람들
플라스닉 데페이즈베 큐비오 마크ㅅ로코……

긁힌 낱말들을 들치면 철조망 밖으로 쏠리게 될

글렀다, 틀렸다, 철조망은 자꾸 돋아나고

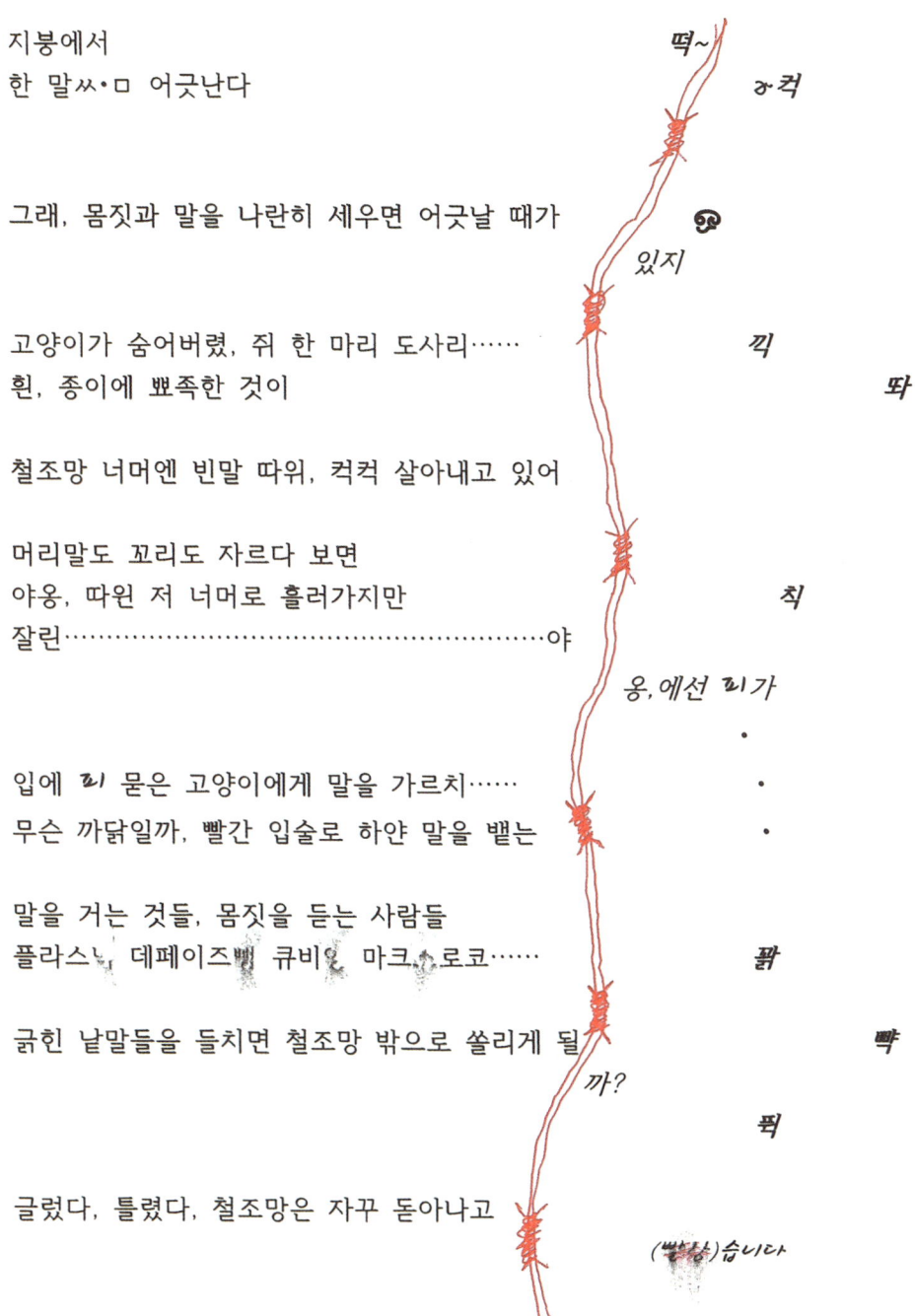

기울다 할喝

공　중　에　서

무
게
를

잰

다

　　　뱀 한 마리　　　　　　　　　　　돌 한 덩이

뱀허물 하나 산기슭에 널려 있다　　삼릉골 머리 없는 부처, 몸통에 잔돌
새 한 마리 빠져나간 듯 꽁지깃　　　을 괴고 앉아 절을 얻어먹고 있다 볼
하나 허물 아래 깔려 있다 눈알　　　기짝에 검버섯 피고, 잘린 목의 난간
마저 털린 껍질 위로 오후 네 시　　　에 새똥 한 방울, 아랫도리 접혀 비워
의 햇살 산을 오른다 허기가 돌　　　내지 못한 속, 잘린 목구멍으로 게워
았을까 바람 한줌 채워 넣고 몸통　　내는 것일까 몸통 속에 쌓인 절값 다
부풀리지만 대가리가 뭉개진 후론　　삭는다손 저 묵직한 수화 한마디, 켜켜
저 깃털 하나도 삼킬 수 없다　　　　이 절은 무게 덜어낼 수 있을까

　　　또아리도 틀지 않은 꽃뱀　　　　　　저 부처 왼쪽 어깨에서
　　　풍장 된 속살 한 점,　　　　　　　　흘러내린 가사 자락

어느 쪽이
기울까?

종이 뒷면엔 빨간 아ㅎ.ㅣ들 산다

너는 학교에 닿지 못했다 4월. 화요일

미술관 바닥이었다
하얀 종이에 못으로 그려진, 아이

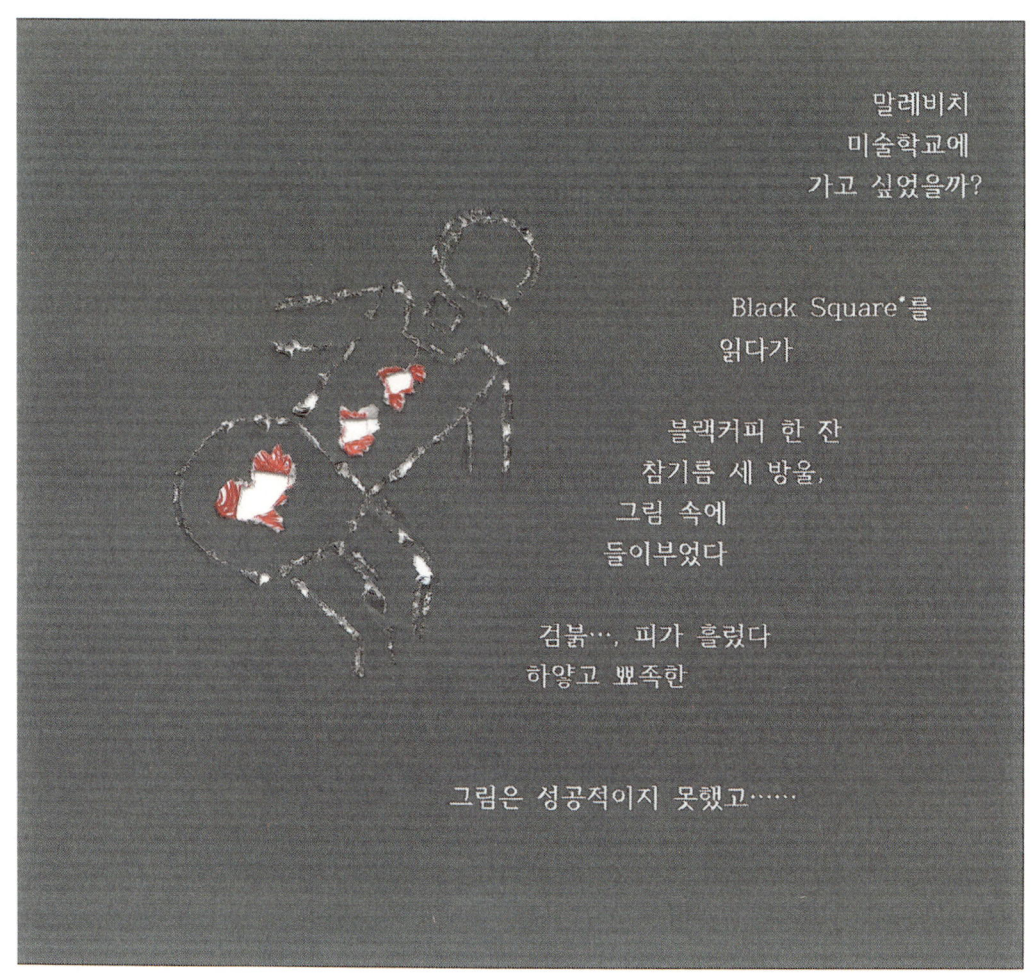

말레비치
미술학교에
가고 싶었을까?

Black Square*를
읽다가

블랙커피 한 잔
참기름 세 방울,
그림 속에
들이부었다

검붉…, 피가 흘렀다
하얗고 뾰족한

그림은 성공적이지 못했고……

나는
종이 속으로 구멍을 뚫었다

* 카지미르 말레비치. 1915년

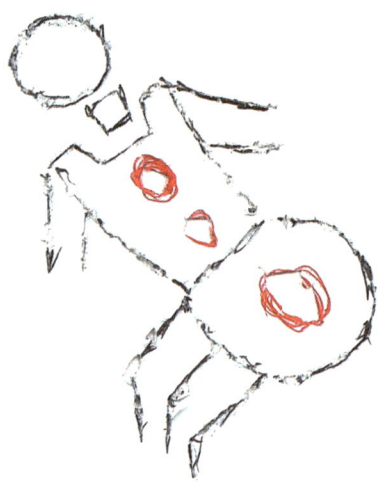

빈 페이지에 대한 추측
- 2와 3페이지만 남았을 때 겹쳐진 그림에 대한 그레고리 피렐만*의 견해를 요약하기

(네가 놓친 쿠키에 대해……), 네 얼굴이 화면을 지나갔어
우린 너무 가까워서

쿠키를 떨어뜨린 거야, The End 였어
자전거를 타고 지나가는 네가 비쳤지

훌쭉한 동그라미 구르는 장면, 스크린은 텅 비어
우린 지나간 얼룩을 함께 만져볼 수도 있을 거야,

계단을 내려서면 발자국들 소복한
체크무늬가 도사리고 있었어 슬럼가였을

거야.

길가엔 눈알이 썩은, 어제의 고양이들 굴러다녔어

내일 출발한, 쿠키들이 떠돌고 있었지 우린
골목을 멈추는 연습을……

난 2페이지의 🐛☁

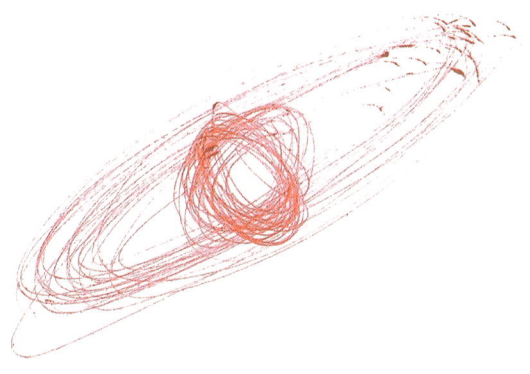

넌, 캄캄한 3페이지였을까

까맣다, 햇살에 머릿속을 디밀면
막 송곳니 돋는 멍, 한 마리 꼬리를 친다

까마귀들 떼 지어 날아가는 북쪽에는 누가 버린 그림자가 상해가고 있을까?

그림자를 모로 눕힌다

추운 날은 자주 낮별이 역삼각으로 떨어져

* '푸앵카레 추측'을 증명한 러시아 수학자

피타고라스의 정리
- 뒤집힌 삼각형의

물구나무를 서봐, 빗변에 남아있던 낱말들 쏟아질지도 모르잖아

예각들 쏟아지고
;——————————————————   그가 뒤집어지고
바닥이 사라져

화이트 큐비즘

말을 하는 푸들 본 적 있죠? 입천장이
곱슬곱슬하잖아요 목젖 어디쯤은 부풀어있을걸요

비구상입니다 그 개
블랙커피에 참기름 두어 방울 타서 마시는, 데포르메*

소네트 몇 소절?
입을 열기만 하면 잇단음표들 삐져나오죠

커피가 식어버리면
끝이 꼬부라지는 리듬

곱슬한 것들은 잘 부풉니다 볼펜으로
끄트머릴 펴면

빨강, 늘 끈적거리잖아요
붉은 낱말들 입술에 묻습니다

듣다보면 자꾸만 혀가 꼬입니다
혓바늘 돋기도 하고

혀끝에 매달린 리듬, 왈왈
막 곱슬거리기 시작하는

* 어떤 대상의 형태가 실제와 다르게 캐릭터의 특징을 강화하거나 미화하는 것

4/9, 금

```
                비                          비
        온     비      2학년    비
           다                 3반, 모여!
                       시
   소풍날은 비              씨
              가      겹쳐진다
        눈
              학교⋯            우물을 팠는데,          비
            처음             이무기⋯⋯
                  콱,                            사
     우 박        찍었대       비          라
   꽃                                            졌
        비      나는                              대
                       비
        비                            우박
        비
          그날,      날짜가
                              겹쳐서
    6학년              꽃비
          줄 서!              날ㅎㄹㄹ
         난장에서         우박이
         나물을 팔고  엄(   )는
                       돌 아 (   ) 앉으시고
                                         하늘 ☆ 나라
         추워,
        떨어            나는
        진다             우체통으로   달려가⋯⋯
                하늘  빨간
                     편지를          못한 나는
                              부치지              눈
        아빠는    담석증    을⋯⋯          진√ 깨
                                       비
         9일,         비가      시가    된
```

금요일엔 어린 내가 종이 바깥에서 찾아오고,
                퀴퀴한   찢어진 날씨와

별

한 폭 그림,인데 왜 당신은 찢겨나가죠?

　　　　　　　　　　　　　　　이건 지나가는 장면이잖아

파도가 바다를 뒤집는다 엇갈린 별 그림자 드리워진다

별빛을 덧그리려는데 어깨 너머로 산이 보였다

　　　　　　　　　　　산을 좋아하는구나 너도

삼각형을 그렸다
별이 갈라진……

지
붕을
뾰족하게
그렸다

꼭짓점마다 못을
박아 넣었다 관절마다
물기가 삐져나왔지만,
그건 부서지기 전
☆의……

기억라
그림자를 나란히
세우니 그림자 쪽으로 기
운다 기억은 세 개의 집을 가졌으
므로……
아니, 각을 말하다
도형 밖으로 튕겨나간
허공, 문득
내가 본 건
가죽소파를
뚫고나온
꼭짓점?

그림 속, 바다가 기운다 배경이 삐딱해진다
오른쪽을 치켜세워 녹슨 별 하나 끼면 기울어진
　빗변이 편평해질까
공중에서 지구를 들어
　올리자 비껴나 버린 계절　　　　　☆

　　　　　　　　　　　☆들은
　　　　　　　　왜 자꾸 갈라지기만 할까?

　　　공중에 떠 있는
　　　(　　)에 왜 또 그림자가 깨지지?

구성 IV
- 해바라기가 있는 동물테마파크

                                                개뿔도 모르는 수학은 수박 없이는 깨지지도 않나?

$\sum_{k=1}^{n} \frac{1}{k(k+c)} + \int_{1}^{k} i^2 \, dt$, …? 박박 구긴다

(누구야, 새벽에 전화를 받는 놈이?)

                                                  저편으로 **빠져나가는** 헛말

젖은 문턱을 넘어온,
(닿소리, 흔들리는)

뚜껑 열린 수박 속으로 헛소리 스며든다 속이 흔들린 낮꿈, 자꾸만 번진다

귀퉁이 벌건 물 든 마음을 끄집어내자 누군가의 뒤통수가 손에 잡힌다

(머리끄덩이를 흔들어버릴까?) 흰소리, 비틀린다

                            *   사육사가 다가왔다

(토요일의 야행성이 남아있어요 일요일은 월요일의……), 앵무새
꼬인 부리로 헛말을 뇐다

웃자란
열아홉이 떠돈다

                                          (숫자는 언제쯤 지나간 계절이 되지?)

                            *   여름, 삭제된다

말라버린 물웅덩이엔 텅 빈 머릿속이 비치고, 비행기 지나가고
장마는 다 구겨졌을까

                                                (구름은 좀처럼 구겨지지 않아)

(콘크리트들은 헹궈지지도 않잖아), 사육사 앞장선다

*

어떤 계절은 3층 건물 옥상에 산다 옥탑 위로
아르카이옵테릭스* 난다 날개들, 흘러내리는

쓰리쿠션을 막 빠져나온, 날개 뼈를 퍼덕인다
(야, 시끄러!)

(4D 플레이어 속일까)
동전, 쏟아진다

*

화면이 접힌다 해바라기들 피어있고

                  사육사, 접힌다

사막여우입니다
벽장 속에서 비닐을 파먹고 삽니다

그녀는 누구였지?
나는 나보다 더 큰 곰 인형을 껴안고 뒹군다 큰극락조 꽃을 보다가……

*

구겼던 시험지를 펴자 아르카이옵테릭스 한 마리 나를, 수박 속을
힘껏 환칠하는

* 시조새

플레시몹

신 등장
사람 입장, i 입력되……

장면 Ⅰ.(　　)

    신; (몸을 드러내지도 않고) (소리도 글씨도 없이)
       ~~*빛깔을 만들었나니*~~……

    사람; 쳐다보며, 돌로 있다
       아무것도 없는데……, 뇐다 머리를 휘저어 본다 아니, 돌덩이를

    i; 등을 뒤집어 보며
       색깔?, 아무것도 없다? 거 참……

    점을 공중에 떨어뜨린다

장면 Ⅱ.(…, ー·ー)

    신; ~~*나 죽었니?*~~ (외친다)
      (아무도 눈치채지 못한다)

    사람; 나 살아있다, 생각한다
       헌데, 뭐하지? (혼잣말한다)

    i; (사는 일과 죽는 놀음 사이) *있다*, 믿는다
      있는 척 한다
      보이지 않으므로 띄기로 한다

장면 Ⅲ.(A4, 모서리)

    신; ~~*맑, 쉣*~~……, (　　) 채 흘러내린다
       어디론가 가라앉는다 모래밭 종이컵 손톱 모서리……

    사람; 입 다물고, 돌을 씻고
       손가락 몇 개를 돌솥에 넣는다 휘젓는……

i ; 뚜껑을 열고 머리를 냉동실에 넣는다

먹을 거라곤 이것밖에 없나?

……(신이 죽었나) ……(사람은 돌아갔을까)
…… 머리가 겹쳐진다

모서리에 모카스펀지케이크 한 덩이 떨어진다
뜯어먹기 좋은, A4들

등장인물들, 퇴장 직전 사라진다

※ $i^2 = -1$

♩♪♫♬♩

…… 침대에 올라갔다 등장인물들 널브러져 있었다

(시다운 꿈이 없잖소), 길동이는

또 어디로 튀었을까?

성을 바꿀 수도 있다, 생각했을까?
썩은 잠을 타고, 황리단길까진 도착했을까

다섯 시와 해거름 사이였을까

안팎 어두워지고 짜장들 쏟아졌다
침대 커버를 당겨 덮어주었지만 몸짓들이 흘러내렸다

길동은 늘 말을 흘렸다 (고프다)
흘러내리는 것들을 구름으로 닦아내곤 했지만

언월도를 꺼내드릴까, 내가 물었을 땐
등장인물들 모두 침대 밖으로 떨어진 뒤였다

나는 볼펜을 똑딱거렸……

이때다, 갈필을 휘둘렀다 *(????)*, 소리 지르려다
빈칸을 자르고 만다

(빈,) 제목 위에 널브러지고, 바람은 불지도 않았다, 조각난 대낮이

종이 밖으로 나동그라지고, 옆구리 움푹한 볼펜을 주워들었지만 나는 나를,
길동이 길동인지를 알아보지도 못하고

2부.
마시마로 리모델링

굿모닝, 플라△☆@!˚
- 2157. 12. 28

그래, 가끔은 플라토닉을 플라스틱으로 읽어도 돼

뾰족한 얼굴 좀 뒤집어 봐, 미끈거리는 웃음 좀 벗고
플라키키 배꼽티 좀……

표정 따윈 오후 네 시쯤에 처박아둘 수 없겠니?

*

낮꿈은 늘 엉키나 봐, 끼고 살던 죽부인이 수년 전부턴 살이 뭉개지는 거 있지
지난 계절은 가끔씩 소나기를 생각나게 해

플라토닉 비를 맞으면 어떤 날씨가 자라날까?

그땐, 내가 쏟은 웃음소린 울음으로 들릴까

*

플라△☆@ 위에 플라스틱 쌓인다 빗줄기 굵어지고
i^2 일까?

*

속살이 울퉁불퉁한 거 있지, 하얗고
아니, 까만가?

i, 배꼽이 많이 가려웠겠어 바닥에 꼬부라져 있었잖아
(@#$%^☆△……)

속옛말은 긁을 수도 없어

*

빈말 몇 마디 우화하고 있어, 봐봐
플라스틱 안쪽, 저 어린 낱말

날개가 떨리고 있어, 플라△☆@ 속울음들 삐져나오나 봐

◇※☆≥·♂★♀∝≒∴ *(잠들지 마, 자꾸 아파져야 하는 게 너래. 안녕)*

그럴까,
아마시아 대륙**엔 낮꿈들 소나기로 내릴까?

* 22세기형 공룡형 로봇 지니. $i^2=-1$을 장착한 생광물성(Bio-metalic)
** 미래에 북아메리카와 유라시아가 결합하여 형성될 것이라고 생각되는 초대륙

어떤 ㅅ ㄲㄹ에 대해 이야기할 때 우리는
일시 중지되었습니다

>아무것도 설명할 것이 없다는 사실에 자부심을 갖는
>순수한 인상주의 화가들의 입장과는 반대로……
>/ 바실리 칸딘스키

「까마귀가 나는 밀밭」*에서 까마귀를 **빼내면** 배경 어디쯤 구멍이 뚫릴까 거꾸로 돌던 계절, 어느 밀밭에선 지층이 듬성해질까?

까마귀들은 왜 공중에 동그라미를 그릴까, 쳐다보면 나는

비어 있다

     *

깍 각, 울음들
구석으로 치우친다

공중은 왜 또 내성적일까,
울음의 둘레에 뚫린, **빨강**

     *

(여백일까, 색깔들도 굴광성이 있을까)

까마귀는
색깔보다 울음에 속한다

동심원을 그린다
발톱이 **삐죽 빼쭉** 묻은

그림자들이 돌아올 시간. 겨울 2악장**
일시 중지되었습니다

     *

문득, 공중이 찢어진다

겨울 3악장,*** 하늘은 제멋대로 까마귀를 벗어난다
밀밭 반대 방향으로 구멍을 뚫어도, **빨강**

우리는 ㅅ ㅐㄲㅏㄹ의 관절에 대해
외마디 울음을 나눈다

계절 하나, 우화한다

* 고흐. 1870년
, * 비발디. 「사계」

그림(가장자리에서 자라나는)의 해부학

60#,ˇ 모서리를 긁었다 얼굴들 울퉁불퉁해진다

네모 세모 동그라미들 흘러내린다

표정들 어긋난다 눈빛들, 빗변으로 처리된다?

빈 얼굴을 끌어당기며
각진 것들도 어둑해질 때가 있네, 동공에 빗금들 비치고

속눈썹 서걱댄다
눈빛 뭉그러지고

창에 부딪친 동그라미, 절반이 잘려 나간다
세모와 네모 어슷 겹쳐지고

볼펜을 들어올렸다
참 따뜻한 눈빛이야,

물비늘이었다 칠이 벗겨진
이름들, 물속에 가라앉은

잘 자라고 있을까,
키 작은 빈말들 생겨**나**고

내일은치과에가야겠어엄마잘있어배가기울고있어핸드폰이먹통……

반바지를 입은 세모, 네모들 엉켜

흰 종이엔 빨간 볼펜으로 뚫은 구멍, 저들은
떠오르는 습성이 있었을까?

4월, 바닷가엔 빈 이름들 삭정이들 몰려와 있다 왼쪽으로
쏠리기 시작한다

삐뚤, 글씨들 물속으로 잠겨 들고

뒤집힌 그림은 잘도 지나간다 북서풍의

* 샌딩 페이퍼. 거친 연마용

설치 no. 23
-종이 위에 하양

인형들 빨랫줄에 걸려있다 장마 끝,
헹궈지지 않은 이목구비와

단단했던 행간이 풀어지는 것일까
얼굴마다 멍울 들고

여우소나기 또 쏟아진다
아랫배를 긁는 방식

뭉개진 인형 속으로 들어간
(인형)

젖은 기분엔 바지랑대를 세울 것, 인형과
(인형) 사이를 추켜세우지만

처진 몸짓만으로도
낱말들 뱃속에 얼룩지고

(인형)을 반으로 접어
햇살에 널면

색깔이 없는 속엣말도 잘 바랠까?

얼굴을 툭툭, 털면
머릿속이 쏟아지는

도형들은 겹치거나 줄줄 새거나

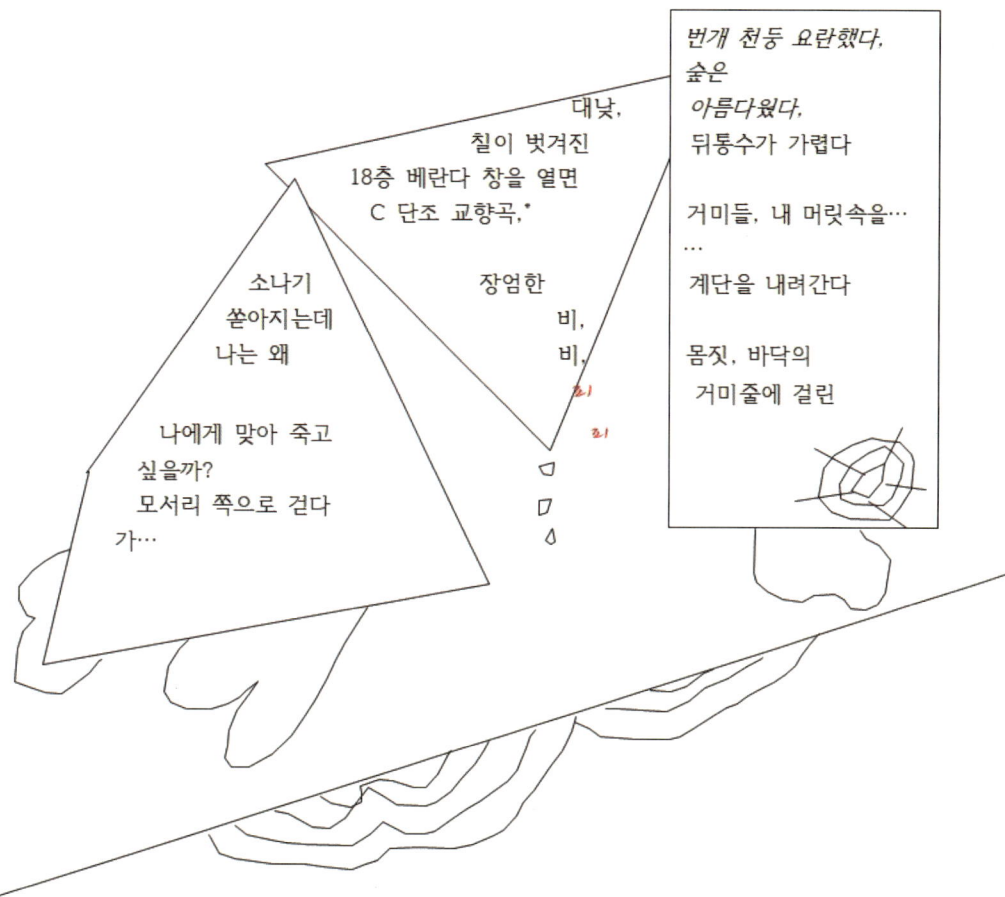

지도가 잘려 있다 등고선들, 기울어진

* 베토벤. Symphony No. 5

소수素數를 좋아하세요?

우산 찾아가세요 보랏빛, 일자형입니다
휘어진 우산대 곧게 펴두겠습니다

단무지는 셀프입니다
양파는 껍질째 드세요

오늘은 힘껏 배고픕니다
고양이는 기르지 않아요

우산에 묻은 물방울 따윈
다 말려두었죠 침실엔

나비 한 마리 키우려 합니다 먼 길……
여기까지만

핸드폰을 떨어뜨렸어요 공중화장실 세 번째 칸이었죠

보라색 바지를 입은 날은 늘 비가 와요

                              통기타 줄 뒤로 빗방울 튕깁니다
                                    팬 플루트 음색

                              광고 건너뛰기를 눌렀는데
                                      불빛 쏟아집니다

                              준비가 늘 부족해요 어느 부분에는
                                 고양이 할퀸 벤다이어그램

                              보랏빛 우산 하나, 고집함을
                                      수직으로 가릅니다

                                  이 페이지, 바닥엔 블루
                                  고양이 발톱만 남아있죠

                                              밤, 으쓱

                              발자국이 없어요 구름 한 조각 지나간 뉘앙스입니다
                              잠깐 기다리라 할 걸 그랬나요 방금

                                        흐름이 끊겼고

                                광고가 또 시작되고, 건너뛰고
                                    나는 이제……

                 나를 빗속에 버립니다

            슈묵 번집니다 19쪽 뒷면인가 봅니다

햇빛, 관계항*

왼쪽을 찾고 있어요

방충망에 흘러내리던, 바람이 없어도 휘어지고
거미 소리 큭큭, 스며들기도 하던

*

햇살과 방충망과 소리를 빈칸에 풀어놓으면 색깔이 옅어질까요?
모눈 속엔 미지근한 볕뿐입니다

스며든 것들, 속이 얼버무려집니다 유리창에 낀
심포니 9**

*

잇단음표 위에 빨강을 덧댑니다 반만 남은 이름 하나
번집니다 음높이를 고르다가

왼쪽이 묻어날까, 비스듬한 음색을 헤아립니다
평행으로 지나간 음자리 뭉그러지고

나는 빈 이름을 튜닝 하다가 오래전에 물속으로 걸어 들어간 나를 마주합니다 왼쪽만 남은
내 그림자를 찾을 수 있을까,

*

심포니, 흐릿해지고
물비늘, 3악장 클라리넷

……
햇살은 내 그림자 위에 거미나 몇 흩트리며

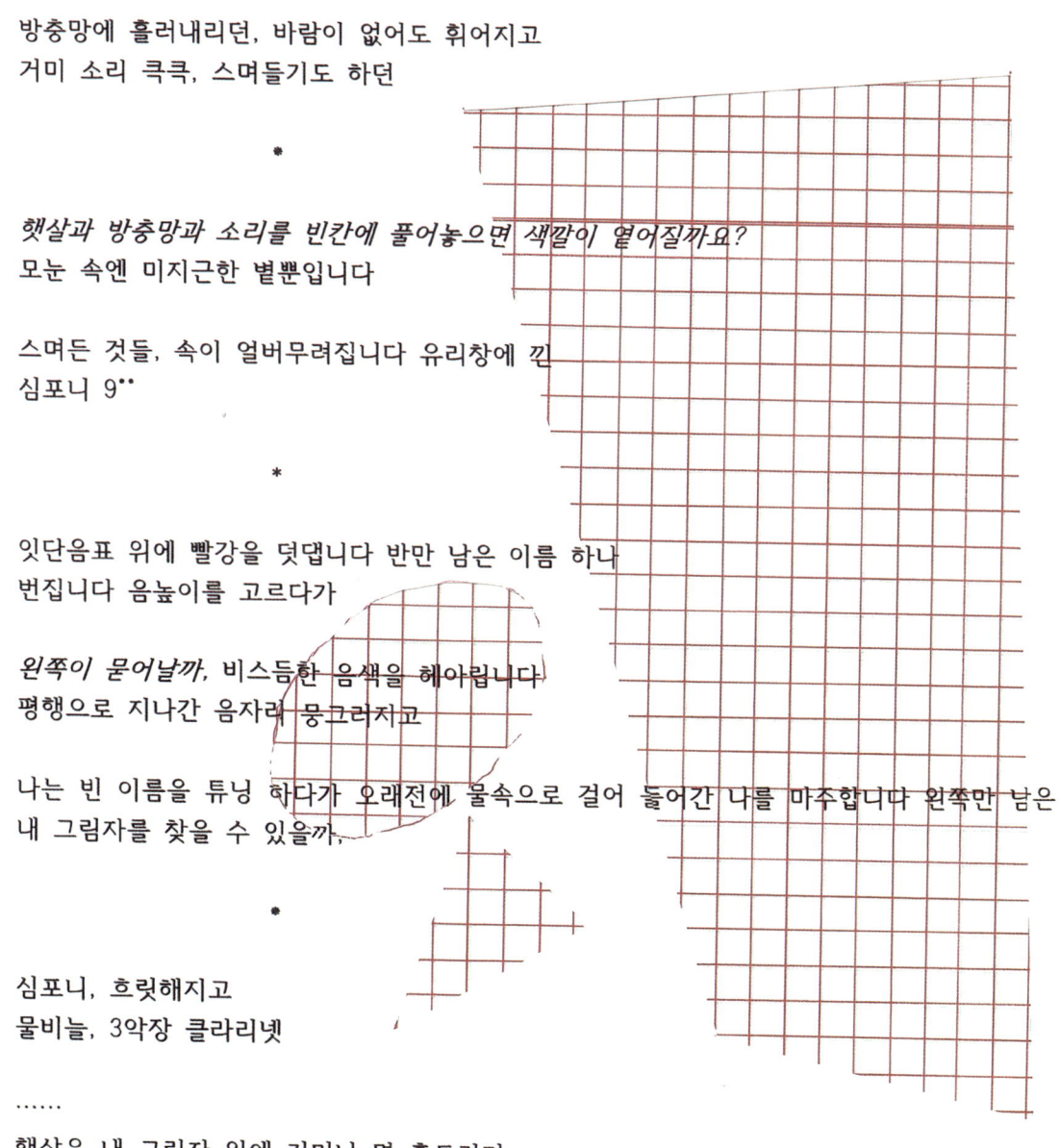

* 이우환,「관계항」제목 인용
** 베토벤「합창」

i, 머리와 몸통이 따로, 또 붙어사는 종류다
부를 때마다 허튼소리를 낸다

겨울 안개? 안면거상술을 한 여자 누워있다 하얀 얼굴을 만져보지만
푸석한

불이신란도°
- 웬, 이리 많은 낙관들이 찍혀있죠?

낙관들, 거무튀튀해진다 삼각뿔의 성질을 띤다

      *

우리는 옆자리에 앉아서 예까지 왔고, 서로
잘 지나가지 않는 머릿속을 뒤적거린다 i 가 구겨져있다
          (i 는 태어나자마자 몸통을 떼어버리지만 i^2을 낳는다)

i 를 보여줄까? 여자, 뾰족한 눈초리를 흔든다 우수수 눈빛 떨어지자 삼각뿔 나뒹굴고
여백엔 검붉은 빛 돈다

팅팅, 물컹한 얼굴, 낯선 부레옥잠……, 하며
빠져나오지 못한 말

세상에나, 하얀∨현무암∨보신∨적∨있으세요?
흰 종이에 싸인 i, 지나간 잠꼬대를 쏟아낸다

      *

그림 밖의 나는 자꾸 흐려지고

어제 자란 마음이 **뿌리째** 잘린 탓일까, 가장자리만 비치는 얼굴
여자, 납작해지고

문득, 어제 들었던 잠꼬대

      *

i, 여자 옆에 눕고 나는 성형외과를 **빠져나와**

108번 버스를 탄다 어디로 가는지 묻지 않았고
왼눈을 감고 반쯤은 졸며

※ $i^2 = -1$

* 추사. 종이에 수묵

빙점의
- Piano concerto No 2 in C minor Op. 18*

북극을 떠나왔어
베란다에 햇살이 C-minor로 쏟아져

리넨 위에 쌓인 햇살 본 적 있지, 가슴 쏟아진
부피

눈이 쏟아질 뻔했잖아

*

나는, 고양이가 바닥에 누워있다 여자, 빨래를 널고 있다
(이 찬란한 밤햇살 좀 봐,
별들의 법칙이야, 늘 하얀 말을 쓰는)

베란다에 라흐마니노프 채워지고 여자, 빨래집게를 집어 별 몇 개를 더 넌다 덜 마른 속을 건성건성 뒤집자 솔기 사이로 어린 바람 지나간다 창을 열면

*

밤은 햇살을 거꾸로 뒤척거린다 물구나무서는 찰나였을까

아랫배를 잉태한 여자, 속을 쏟고 만다 피아노 소리 거무튀튀해지자
지난여름을 삶기 시작한다 고양이 옆구리로 덜 마른 음자리 몇 떨어지고

바닥의 고양이가 걸어갔다 나는
밤햇살을 잡으러 안방으로 떠났다가, 빛살이 어긋난 별들을 쏟아버렸고

*

여자, 아랫배 몇 조각 떨어뜨린다

고양이 옆구리에 잔별들 쏟아진다

나는,
빨래가 잘 마르면 좋겠습니다

     *

C-minor들 잘 쌓이고 있어 협주곡 방식이야
냉동실은 잘도 얼어붙고……

북극은 잘 있지?

* 라흐마니노프. 1901년

늦은 점심으론 순두부 보쌈이 알맞을까*

그가 퇴장했고, 순두부를 보쌈한다 그가 나타난다

찬물을 들이키는데, 종이컵 속으로 빈 얼굴 하나 스며든다

마스크를 쓴 그와 앞니가 성근 내가
스스럽게 한통속이 되었고, 우린 여럿이다가 둘이다가

하나가 된 그는 키가 멀쑥하다 눈꼬리가 길다 가끔씩
렌즈를 갈아 끼우고 검지를, 테이블 사이를 타진한다

종이컵을 톡톡, 리듬이 느려진다
손가락이 찝찔해진다

3시에는 종이컵을 치우기 좋다, 나를 떠나보내고
반만 남은 사람의 빈자리를 주워든다는 게 컵을 구기고 만다

찬물 맛이 남아 있다
두어 푼쯤의 높이를 헤아린다 찬물을

두 잔 따른다 한 잔은 테이블에 놓아두거나 빈자리에 쏟을, 얼음조각 다 녹은

                    *

통유리를 넘어가는 일은 여전히 성글다 뒷면이 번쩍
화면이 바뀌는 찰나

우린 우리에게 반쯤씩 남아있을까?

반의반쯤 남은,
나는 엇갈린다 가장자리와
모서리를 뜬눈으로 스치며

나는 표정이 없고 그는 눈빛이 사라지고

하얀 말도 포장이야, 까만 돌도 포식이지
엇대어 입 다물며

순두부 보쌈집 들어서면
우린 가지런해진다 밑줄 쳐진 그림자가

무채색 몸짓을 흘러대지만

찬물을 마시고
종이컵을 밟는다 구겨진 물질은 없고
얇은 구멍 하나 튀어 오른다

밟힌 컵도 튀어 오를 때가 있나?

구멍들이 컵 밖으로 삐쳐나온다

순두부 보쌈 맛엔 맹물 맛이 자라고 있을까?

* 달포 간격으로 그 순두부 보쌈집을 다시 찾은, 뒤였다

마시마로 리모델링

토끼, **뻥**튀기를 삼킨다
침이 마른다

뻥,
토, 끼로 갈라진다

토, 눈빛
빨강을 잃어버릴 수도 있다,

포크로도 찍히지 않는 끼,가 있다?
꼬리를 잘라야 할까

빨강을 튜닝 한다 꼬리 잘린 허밍, 허밍
날아오르지도 못하는

뻥, 소리들 바닥에 구른다 눈빛이
무릎까지 젖는 토,끼 빨간

표정을 낱낱 뜯어내자 발등에 부스러기들 떨어지고
쏟아지는, 뻥 뻥 뻥

것들은 죽어 나가고, 밤에 일어난 바닥들은
빨강보다 먼저 흩어져

엽기, 눈빛을 삼키는

            토,끼는 한입에 녹을까?

공중화장실에서
        소라크테스를 읽다

소라크테스는 소크라테스로 읽히기도 한다

속으로 볼펜을 꾸욱, 찔러 넣으면 발가락이며 손가락 팔꿈치며 뒤꿈치들이
겨드랑이 속으로 오그라들고

뭘 봐!
왼쪽을 보시오

 현장을
           보시오

바람이 비쳤다 새가 날아갔다

여기가 천국이다 앞을 보면
      바닥을 보시오

흘러넘친 (   )자국이 널브러져 있었다

          오른쪽을 보시오

                          똥이나 싸라 짜슥아

나는 짜슥인지, 주저앉았는지 궁금했다
나를 알 수 없었다

(안이 어두워지고 있다 함수들 모서리 쪽으로 밀린다 x를 i 에 둔다)

i 를 촬영하다

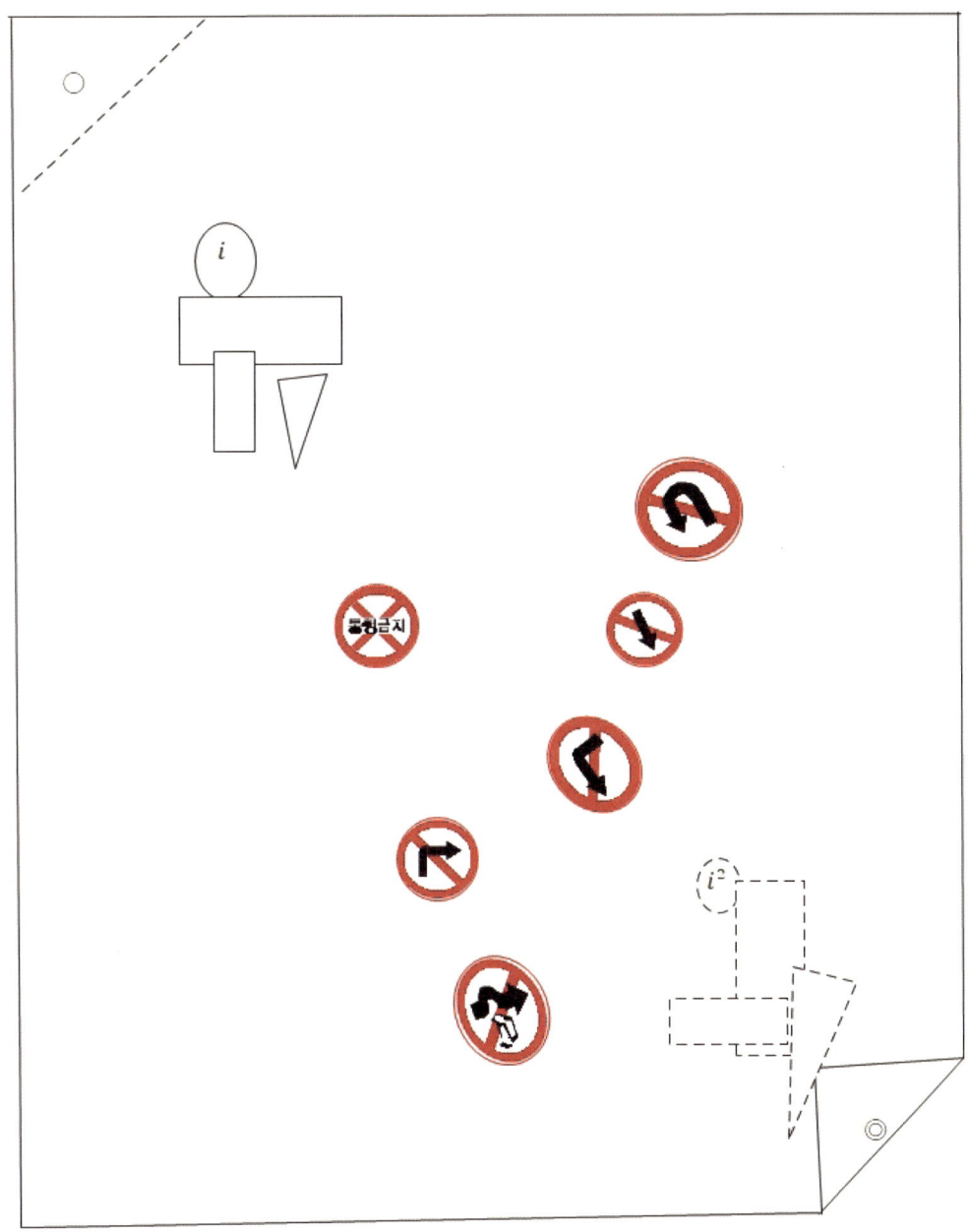

판독: $i^2 = -1$

※ 교통표지 그림은 pc의 그리기 마당에서 발췌 인용

3부.
13에서 시작되는 빗변

13에서 시작되는 빗변
- Andante Cantabile*

동그라미가 흘러내립니다 뒷덜미에 멍울이 생겨나고
안단테, 주름이……

13, 리듬에 가깝죠 훌쭉한 음표들 겹쳐지면
체크무늬들 묻어납니다

소수素數일까, 멍울을 들치면
숫자들, 웃자랍니다

끝이 뾰족해진 무늬
동그라미를 아우르기도 하죠

차이콥스키, 들어보셨죠?
어떤 도형들은 점묘의 방식으로도 흘러내립니다

몰려다니다 멍울이 덧나곤 합니다 멍, 칸타빌레
목덜미가 늘어나죠

음표들, 몰려다니는 습성이 있나 봐요
리듬 부풀기도 하고

빈 동그라미들 늘어지고 있어요

이런!
이 리듬 좀 보세요 내각이 웅성거리는 빗변의

* 차이콥스키. Symphony 5

어떤 역삼각형 부검소견서

소수素數의 단단함을 믿는 편입니다 질감이 뾰족하죠 숫자를 자주 잊어버리는 나는 키가 다 자란 걸까요?

구부러진 삼각형을 생각합니다

                    *

빈삼각입니다

뒷문을 꼭 잠그는 편입니다만 바람이 수직으로 붑니다

아침엔 헐거워집니다 냉동실에 넣어두었던
숫자, 배가 등에 붙습니다

빗변엔 날숨소리, 한꺼번에 쏟아지죠
공중이 쭈뼛거립니다

살아있는 것들을 가만히 두는 편입니다
기하급수적인 정적

                    *

19, 꼭짓점이 처집니다 비틀거리죠

꺾일 수 없는 몸짓, 어떤 숫자들은 야위기만 하죠

                    *

오늘은 뒷문을 잠글 수도 없어요 뾰족해지는
소수의

공간구성 Ⅱ.9

동그라미 하나 왼쪽 상단에 둔다 둔각이 아래쪽으로 처진 삼각형을 하단에 걸친다
삼각함수가 태어난다 $1+\tan^2 x = \sec^2 x$

K, 이건 아닌데……
K', 그럴 수도 있지, 맞아 웅성거린다

12/31. 머릿속 구겨진다
납작해진 나를 공중에 구성,한다

네모를 덧대려다 왼쪽 눈을 감아본다 흐릿해지는
왼편의 둘레

동그라미가 조금 잘려나갔음,이 틀림없다 선 하나를 덧댄다
멀찍이 보면 둘레 쪽으로 기운

하단이 밋밋하다 무슨 도형을 넣을까, 생각이 삼각형의 예각 쪽으로 쏠린다
동심원을 포갤까, 파도 소리를 그려 넣는데

뭐 이런 게 다 있어 K, K'. 그때
너울성 파도가 덮친다 산산이

부서진 동그라미를 포갠다
파고, 높아진다 여백이 넘치기 시작한다

배경을 빨갛게 칠한다 선은 검게
동그라민 블루, 예각마다엔 지퍼를 달아준다

이봐, 소리가 나지 않잖아! K가
괜찮아, 쓸모없는 것들은 그냥…… K'

어두워지고 있다 함수들 모서리 쪽으로 밀린다 x를 i에 둔다

※ $i^2 = -1$

흘러내리는 것이 있는 전람회
- 기억의 지속*

대화의 방식이 생각나지 않았다 노래를 불렀다
두껍아, 두껍아

지붕뿐인 집을 지었다 두꺼비는 살지도 않는
봉길리 모래언덕, 손등의 모래를 떨어내자 지붕이 마르기 시작했다

문패라도 달까?
세간이라곤 버썩거리는 구멍뿐인데

밖을 내다보니 여자, 얼비친다
이런 집에도 두꺼비가 살까, 여자의

파도가 밀려왔다 끝없이
속을 쓰다듬었다 손가락 옴쭉거리자 너울, 여자는 수평선 너머에 서 있고

모래가 마르고
집이 바스러져 내리고

지붕에 깔린 *구멍?*
이렇게나 등이 고팠구나, 흘러내린 것들을 부둥켜안는다

파도, 파도, 파도 밀려왔고 모래 섞인 햇살에 등을 적시지만
말라붙었던 소금기 흘러내리고

몸짓이 많이 짜졌어, 남은 거라곤 거죽뿐인 몸으로

끈적거리는 입을 다문다 입술 버썩거리고
머릿속 자꾸만 금이 가고

바람은 왜 또 불어오지?
지붕이 뱃가죽에 붙어버리는

* 살바도르 달리. 1931년

 무제  풍크툼

 쉿, 비 내리는 골목길의 두더지들 머리에 *나는 나를 믿는다* 뿅뿅뿅 고무망치의 리듬이 왜 둥글어질까 뿅은 본래 둥글까 비를 맞는데 망치가 젖고, 배경 밖 구멍가게 뽀로로가 웃는다 어떤 세계엔 비도 오지 않는데 인형들 젖고 있다 고개를 넘어가던 날 밤 지프차의 펑크, 바퀴의 미끄러짐 *나는 나를 믿는다* 늘 일어났던 일들만 일어나는 세상 귀퉁이엔 물먹은 코끼리들 뒹군다 사바나 모래톱의 웃자란 수평선에서 *나는 나를 믿는다*

 냉장고에서 발바닥을 꺼낸다 짐승들은 왜 늘 냉동실에서 살았을까, 포크를 내려놓으며 발바닥의 외상후증후군에 대해 밤새 냄새를 맡는다 안이 무너져내린다 각얼음 몇 개 띄우고 블랙커피를 저으면 스트로 끝에 매달린 초콜릿 향 똑똑 떨어지는 겨울잠 속의 블루, 어제 죽은 화가의 내일 오후였을까 *나는 나를 믿는다*

 까마귀를 떠올린다 바깥은 자꾸만 가지가 부러진다 앞뒤가 비틀린 지프차엔 고갯길에 쌓여 있던 흑백, *나는 또 나를 믿어야* 하고

 비 오는, 고무망치를 내리친다 뒤통수에 맞으면 별이 뜨는 여백엔 체크무늬가 서너 바퀴쯤 낭떠러지를 굴러내리는

 배경 밖 구멍가게 안으로 뽀로로가 퇴장하고
 두더지들 망치보다 먼저 가라앉는, *나는 나를……*

어두워지고 있다 함수들 모서리 쪽으로 밀린다 x를 i 에 둔다

어둠의 삼원색

1.
거미들은 어디서부터 겨울잠을 잘까?

재미있어 죽겠다, 웃던 거미가 죽었다
알집을 터트렸다

껍질이 말라가고 있었다 그늘 속 바닥들
들뜨기 시작했다

들뜬 말 한마디 종이 위에 올렸다
발목이 잘린 거미였나?

제가 친 줄을 다 갉아먹은 거미
빨간 글씨였어? 토한다

2.
새끼의 일과는 거미줄 치기. 카페에 들어서면
계단, 빗변으로 기울어지는 함수

수요일엔 부등식을 푼다 문제를 들여다보면 그늘은 늘 푸르렀고
뒷면까지 불거진 부호들, 바람 푸석해진

그늘에서 겨울잠을 꺼낸다 어둑해진 낮 꿈들 모서리 쪽으로 기운다 손톱으로 눌러보면 투두둑, 등이 갈라진다

3.
그래요 꿈들은 부서지기 쉬워요, 부등호를 뒤집자 파랗게 질린 i
10분쯤, 엉긴 거미줄 생각?

떨어진 그림자 맛입니다 초록이죠

뱃속 거북해진다 잠이 덜 깬 빛깔들 굴절되고

맛있니, 물으면
재밌어 미치겠어요, 빗변들 또 미끄러진다

1 + 2 + 3.
우린 거미와 겨울잠이 뒤섞인 낮 꿈입니다 그림자 하나 드시겠어요?

9.
처음부터 시 쓸 생각 없었어 그림자가 모서리에 도착한 땐
막 x가 i를 낳는 중이었다니까

※ $i^2 = -1$

검은 아치와 함께*

통유리가 젖고 있어요 빗소린 늘
어눌합니다

                *

말랐던 몸이 젖으면 구릉이 생깁니다 뒷면은 그래요
방향이 사라지죠 구멍이 생겨나기도 하고

(빨간) 동그라미 보셨죠 빛이 아니에요
구멍, 채울 수도 없어요

그림 속엔 바퀴벌레 몇 마리 살죠 놈들의 발가락은 절연체인가 봐요
올빼미 소리를 냅니다

좀 가벼운 캐릭터로 살고 싶어, 그림 속으로 내뱉고 말았어요
표정, 여백에 그려지고

늘 기울어져 있어요 난, 웃죠
마스크를 벗을까요

이런! 얼굴에 음압이 가득하잖아요

뒤집으면 다시 펴질까요?

다음 페이지의 봄은 이열횡대입니다
햇살과 비, 게걸음 치는

                *

……
통유리는 어떻게 열죠?

* 바실리 칸딘스키. 1912년

뭉크*를 듣는 저녁
- Moonlight**

공중으로 날아가는 기차, 기적들 종이컵 속으로 구겨진다
달빛 흘러내리자 컵 속의 무늬들 쏟아지고

       *

날아가는 것이 무늬일까, 기차 속에는 누가 타고 있을까?

차창마다엔 한 컷씩의 그림, 종이 인형을 오려 붙인 내재율.

인형들도 종이를 오릴 수 있을까

       *

어제부터 달려온 마을엔 골목이 나타나고, 인형들
아르페지오

어제 헤어진 인형은 가슴에도 모서리가 있었고
나는 물컹거리던 무늬를 잃어버렸고

그래, 이름마저 깡그리 잃어버린
일몰증후군? 흘려 쓴 내 겨울 병명이었는데

       *

빈손을 흔든다 저편의 나도 창을 흔들까,
어떤 내재율로 나와 나는 겹쳐질까?

나,들은 자꾸만 엇나가며
그림 속 느슨해진 언저리에 도착하고

       *

몸짓이 제멋대로인 그림 속 여자
내가 든 종이컵을 구긴다

배경이 비어있는 그림 하단을 흘림체로 채우며

빈손의 무늬를 쏟으며

얼굴을 들어봐, 아르페지오 쏟아지는데 넌 뭐가 보이니?

* 에드바르드 뭉크. 「The Scream」
** 베토벤. 「Piano Sonata No. 14」

당신의 꿈속에서
가끔은 졸아도 되겠습니까?

……
…… ……?

안경을 치켜 올립니다 엇갈린 약속의, 날씨입니다
또 눈앞이 마려워지고……, 리듬 흐트러지고

나는 무슨 무슨, 골목을 알고 있다 바람 성성한 샛골목이 많아지고
우리, 사라진 약속까지 금방 당도하는

*

몽당크레용들 자꾸만 남아돌았다 몇몇 색깔은 제멋대로 뭉개지고
골목을 그리면 끝이 늘 갈라졌다

미술 시간 얼마 남지 않았어 넌 막, 빨강을 가장자리에 칠하며
난 손을 씻으며

*

오던 길을 돌아갔을까 넌, 왜 이름은 반쯤 지웠을까? 골목은 여태 뜬눈일 텐데

빨강 덧칠된 골목, 나는
안주머니 속의 얼굴 몇 쏟아내지만

가장자린 자꾸 색깔이 옅어지나 봐, 얼굴들
꺼먹꺼먹 눈을 흔들며

아무도 하지 않은 약속, 처음부터 다시 읽어내리는 행간으로
돋보기안경 투룩, 처지고

비가 오려나,
당신의 꿈속을 내가 **빨갛게** 헤적거려도 되겠습니까?

지하철 판타지*

아이가 풍선을 갖고 놉니다 산만 한 동그라미를
내복 윗도리에 팽팽, 밀어 넣은

동그라미들은 늘 만삭이죠

                    *

그림자놀이를 시작합니다
불빛에 풍선을 비춰봅니다 초점이 멀거나 흔들려서

동그라미들은 계란형으로 비칩니다

                    *

LED 빛 속에선 색깔이 사라지기 쉬워요 밋밋하거나
여태 출산하지 못한 도형들을 비추기에도 여립니다

저런, 동그라미가……

                    *

그렇죠, 그림자는 늘 동그라미보다 펑퍼짐해지죠 아니,
풍선이 편편해진 거죠 출산도 하지 않으면서

                    *

애걔, 아가!
동그라미가 속으로 터진 걸까요? 풍선은 퍼렇게 바래고

불빛 비칠 때마다 모양이 **빠**지고 있어요

                    *

동그라미가 사라집니다 납작, 쭈글한 도형만 남죠
그림자를 불어넣어도 자라지도 못하는 색깔, 바랜 (   )의

* 마크 로스코. 1940년. 제목 인용

퇴적된 물에 이르는

(네)게로 가는 나를 잃어버렸다 거울 앞인데
신발들 왜 여기 쌓여있을까, 발가락 몇 개쯤 쑥 삐져나오는

*

짐칸에 나를 실었다. 짐짝이 된 돌 속의 돌들
백미러 속에 밀어 넣었다

나는 자꾸만 울퉁불퉁 겹쳐지고
(네)가 웃었고

돌 양식장을 걸었다 너울성 파도가 몰려들자
표정이 퇴적된 네가 애앵, 지나갔다

*

파도는 잘 자라고 있을까,
거울에 묻은 선캄브리아기에 대해

복숭아 맛이야?
너울성 돌들의 아치형 몸짓에 대해

몸에 좋은 돌들은 어디에 숨었을까, 복숭을 씹으면
어제쯤 무너져 내린 실루리아기의 수평

봉지를 씌웠다
돌들은 검은 몸짓으로 기울어졌고, 우리는 방파제 쪽으로 비워져

*

돌무지, 돌이 떨어진다

돌 두 개를 끼얹는다 봉지를 씌우자
한 컷 속으로 납작한 수직이, 울퉁불퉁한 수평이 들어차는

나는, 딱 한 번 웃었다

우리가 껍질을 함께 버릴 수 있겠습니까?

……
……

안경을 치켜 올립니다 약속 엇갈린, 날씨입니다

또 얼굴이 마려워지고……

나는 늘 웃자랍니다, 세로로 등껍질 찢어지는 소리
그래요, 낮꿈속에선 옷을 벗기도 전 눈물부터 쏟아지죠

마디마디 엇나간 울음, 손바닥에 올려놓으면 막 빠져나간 숨이 딱딱해집니다

바싹 말라버린 행간의 빨간 밑줄? 아니
매미였는지도 모릅니다

어떤 날은 오후가
야행성이었나 봐요 새파랗게 눈뜨고 달려드는 저 울음 좀 보세요

왜 저리 안으로만 자랐을까,

*

안경 너머, 무언가는 갈라졌고
나는 그것이 까치눈쯤으로 생각했어요 웬걸, 등이 찢어지고 속살 싸늘해지고

옆구리 몇 군데엔 껍질이 묻어납니다
멍울 뚝뚝 듣습니다

하긴, 저리 푸석한 것들이 더 아플 때가 있어요

*

등이 터진 게 매미뿐일까, 나는 나를 열어 공중에 풀어놓습니다
등에선 자꾸 옆구리가 삐져나옵니다

나는 어디로 사라졌을까? 숲을 뒤적이지만

갈변한 빈말뿐

					*

손가락을 접다가 나를 반으로 접습니다 **빨강**
꾹꾹 눌러줍니다

울음들 납작하게 말라갑니다 어느 열아흐레, 당신 떠나간 기척의

4부.
일곱 페이지의 단터ㅣ와 이면지의 베ㅇ트…

소실점 근처를 머뭇거리다

구석을 읽다보면 구멍이 뚫어져 있을 수도 있어요 뒤집힐 수도 있습니다

주인이 죽고 문방구점엔
먼지가 쌓였다 쥐구멍 속에서
삐져나온 이야기들
뒤집어졌다

무교동 쪽으로 걷던 바람의 뒷모습이 어둑어둑해졌다 무뎌진
말풍선들 쓰러졌다 일어섰다를 반복했다

멸치를 다듬고 있었다 굳어버린 외마디들을 대가리 째 떼어냈다
자잘한 이빨들에 걸려있던 입엣말들 묶음 처리되었고, 비틀린
몸짓들 세로로 갈라졌다

냉동실 문을 열었더니 백일몽들이 발등에 떨어졌다 겨울잠에 접어든 잠꼬대들
세로로 낙하했고, 무릎이 저려왔다

문턱에 앉아 있었다 목덜미 쪽으로 지나가던 바람의 빛깔이 궁금했다
검은 것들은 왜 자꾸만 뭉쳐지지?

- 먼지가 묻은 낱말을 찾아봅시다(0점)
- 구멍 뚫린 것들의 이름을 쓰고, 그 길이를 허공에 그려봅시다(0점)
- 구멍 난 이름들을 오려내어 여백에 옮겨봅시다(0점)
- 구멍이 몇 개인지 세어보고, 지름의 길이를 다 곱하시오(0점)
- 헛돌기 시작한 바람의 방향을 삼각함수로 나타내봅시다(0점)
- 접히지 않는 어둠의 넓이를 구하시오(0점)
- 앵무병 걸린 부리를 찾아봅시다(0점)
- 잦바듬한 그림을 지우면 어떤 도형이 남을까요(0점)

이제 의자 좀 치워도 되겠니?

침대가 삐걱거리잖아요

i (?~ 2057. 12. 28), **우화 이후**

O는 왜 0이 되었을까?
아이는 언제 i^2으로 겹쳐졌을까?

(마마마니니니또또또⋯⋯)

(인 이어가 빠졌어요 크게 말해주세요)
이명 굳은

저 웃음, 혼잣말을 덧대면⋯⋯울음?
아니, 몬스터일까요

근데, 안티 몬은 뭐죠?
(비금속성 노랑과 검정이었다는⋯⋯)

⋯⋯ ⋯⋯
쓰다 남은 낱말들, 지퍼 팩에 쓸어 담고 끝을 누른다 맨 속이
허옇게 드러난다 그때

사우루스 한 마리 아스팔트를 건너다 호랑나비에 부딪친다
끝을 맞대어도 높낮이가 닿지 않는⋯⋯ 안티 들의

여기가 끝이에요 끄읕, 하면
꼬리는 엉거주춤하고

세 번쯤 허리춤을 오르내리면
주춤 선 가랑이 아래로

안티 몬들 자꾸만 지나가는

※ $i^2 = -1$

4악장을 위한 소네트

칸타빌레
통유리 하나 흘러내립니다 눈발들 늘 그렇게 날리죠, 라르고

……
간주 중일까요 지퍼가 열립니다 알레그로

곁눈질이 새어나간 걸까요?
소프라노, 음색을 접습니다

두어 마디, 높은음자리 리듬으로
웃어줍니다 두 눈 감긴 윙크, 아시죠?

지퍼를 올립니다 눈망울이 자주
멍울지거든요

(그녀의 꿈속으로 들어와 달라는……), 새벽입니다
빈 그림자로 들어섭니다 추웠다, 말하려는데

> 오래된 내일이 다가왔죠 그림자
> 울퉁불퉁한 질감 겹쳐지고
>
> 빈손을 비볐어요
> 그림자와 나눈 미래에 대해
>
> 리듬 몇 우묵해질 어제가……
>
> 내일이
> 하얗게 뒤집힌 그림자들의

지퍼 속 그녀가 내 그림자에게
자꾸만 속옛말을 해댑니다

간밤에 나는 무를 먹었을까? 하얗게 쌓인 배가 푹, 꺼지는 겨울 3악장*

안단테, 통유리의 다음 페이지를

* 비발디, 「사계」

석양증후군이 있는

표지그림 위에 그녀를 덧그렸다 볼펜화였고, 비명*이 흘러나왔다
훌쭉하였다 머리를 옆으로 눕혀두었다

눈을 깜박거렸다 왼쪽 눈에 잉크가 배어들자
눈동자가 **빨개졌다**

어떤 이목구비는 가장자리 쪽으로 번져나갔다 귀퉁이로 흘러내리는 귀를 코를 접어주었지만
팔다리가 묽어졌다

      *

다음 페이지는 빨강이 흘러내린 왼쪽 모서리에서 시작했다
배경이 어두웠다

팔다리를 다시 그려 넣자 제풀에 제가 녹아들었나, 그림 속으로
그녀가 사라졌다

지워버리고 싶은 얼굴 탓이었을까,
겹쳐진 표정?

      *

그림을 떨어뜨렸다 그녀가 바닥으로 떨어진 게 틀림없었다 뭉개진 이목구비 위로
눈사람이 생겨나고, 여름이었다

귀퉁이가 녹아내렸다 구도가 허물어졌고
빨강은 접히지도 않는구나,

      **

그녀가 나타났다 삼각형 덧칠된 얼굴, 어제 읽은
펜화였다 손 닿으면 빨갛게 묻어날

울음이 묻어있는 페이지였을까, 터질 듯 팽팽하였다

      *

그림에도 꽃이나 사람 모양의 어둠이 자랄까?

***

문득, 관람석에 있었다 눈만 하얀 까마귀들이 나를 향해
달려드는 어둠 속이었는데……

누군가 문을 열어버릴까 하얀 물감을 쏟아버릴까, 머릿속이 붉스레
번지고

오래된 세상의 말이 들려왔다 *출구가 어디래?*

* 에드바르트 뭉크. 「Scream」 1893년

눌림, 추상

손톱이 뭉툭한 그가
상류 쪽으로 갔으리란, 짐작

낮달 하나, 햇살을 비껴가고

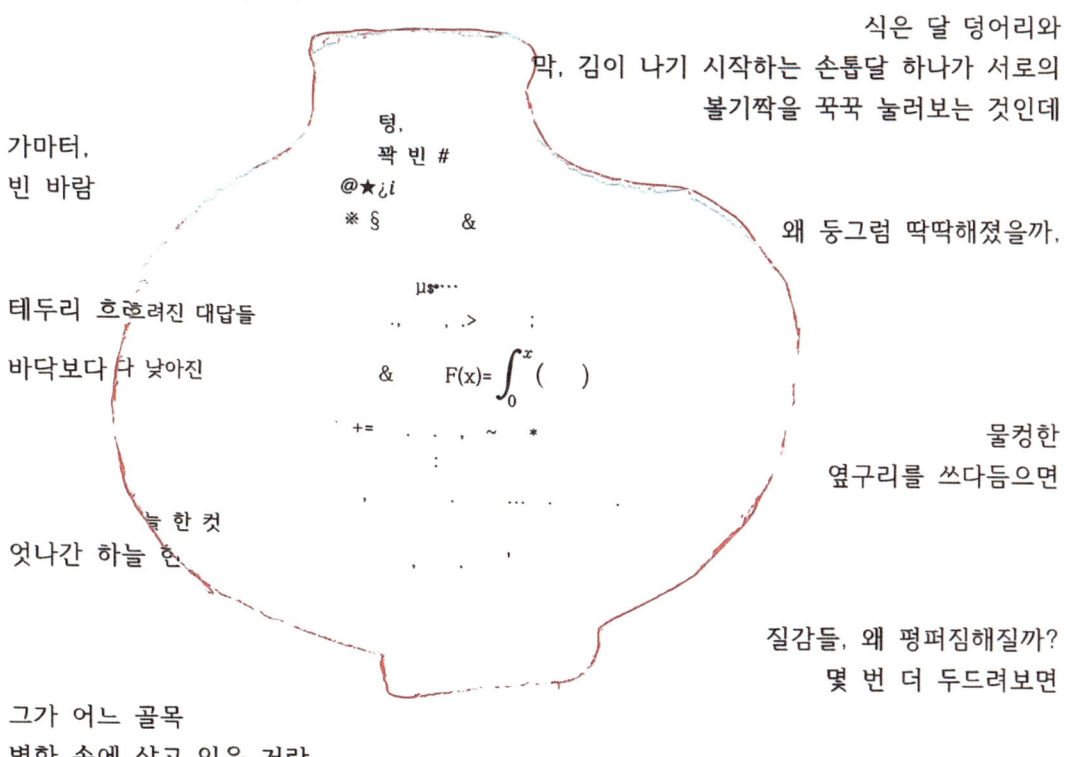

식은 달 덩어리와
막, 김이 나기 시작하는 손톱달 하나가 서로의
볼기짝을 꾹꾹 눌러보는 것인데

가마터,
빈 바람

왜 둥그럼 딱딱해졌을까,

테두리 흐려진 대답들
바닥보다 더 낮아진

물컹한
옆구리를 쓰다듬으면

엇나간 하늘 한 컷

질감들, 왜 평퍼짐해질까?
몇 번 더 두드려보면

그가 어느 골목
벽화 속에 살고 있을 거란,

뒤가 마려운 바람 몇 마리
지나가고 있을

납작해진 햇살 몇 조각 툭, 튕기면

그가, 또는 내가 왜
낮아져 있을까

흙의 질감, 데칼코마니의

툭,
그가, ±상류 쪽으로 갔으리란

무인카페

지폐를 끼워넣습니다 슬릿에 빨려드는 얼굴 하나
표정이 씹힙니다

아메리카노 한 잔
반쯤 남은 속을 들여다보며 나는

왜 아무도 없을까, 종이컵을 내려놓습니다

종이컵을 구깁니다 아니, 나를 씹습니다 텅 빈 웃음 흘러내리고, 뒤통수 사라지고
귀가 가렵습니다

터엉, 소리만으로 나는 번아웃?
달팽이관 끝자리까지 까매진

얼굴을 갈아 끼웁니다 그림자를 지우고
빈칸에 나를 앉힙니다

몇 개의 얼굴이 (　)속에 있어요 한쪽으로 쏠린 빈칸이 쏟아지려나,
나는 빗변에 매달리지만

내 속의 얼굴들 쏟아지던
빈, 납작해지던

　　　　　*

종이컵을 내려다봅니다 구겨진 커피자국 다 쏟아졌을까, 나는
발가락으로 구멍을 밟습니다

바닥 가까운 곳에 씹힌 표정이 있습니다

구간 단축마라톤

붕어빵을먹는데비린내가나잖아요
내장이썩은탓일까요반죽된머릿속때문인지도모르죠

어제는우유를마시는데피자냄새가났고요
i는먹구름냄새가난다고했어요

독촉안내문을룰루랄라받았고요
내일은부의금일부를송금할겁니다

드로잉과시를분리하지마세요
스케치도시의일부라구요

내가그린얼굴과네가뱉은말사이엔빈삼각하나
돌체서라운드시스템*의

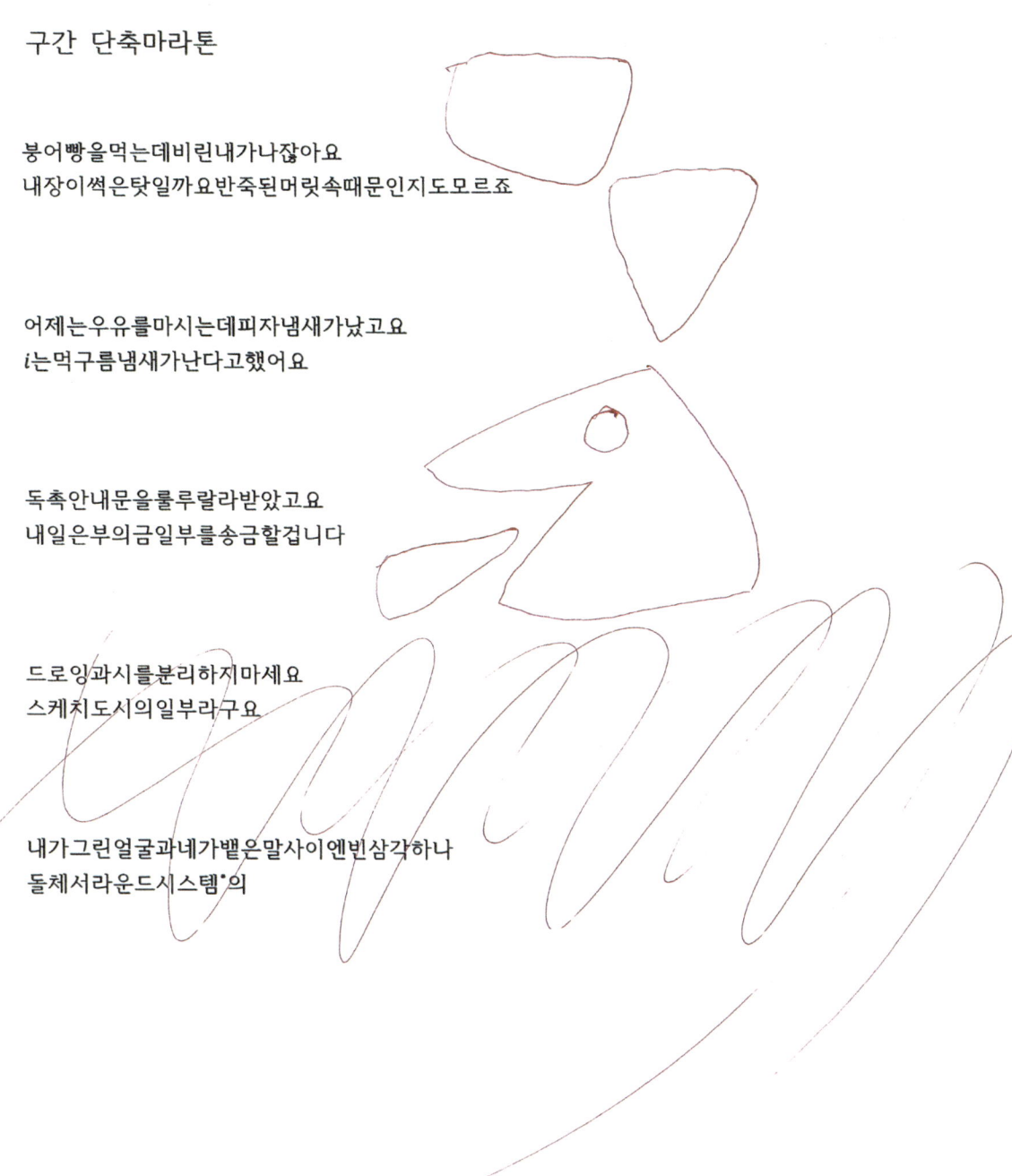

• 돌체: 우아하고 아름답게 연주하라는
• 서라운드 시스템: 메인 스피커 이외의 별도 스피커를 이용하여 잔향음 등 분위기에 적합한 효과음을 현장감있게 재현시키는 오디오 시스템

일곱 페이지의 단터ㅣ와 이면지의 베ㅇ트…
 -단터ㅣ

……
……

네가 숨어버려도 찾지 않을 거야 ㄴㅏ 늘 네 속에 있어
없어지지 않아, 죽어도

　　　　　(나ㅣ) 속을 몸짓으로 가려도
　　　　　그림자들을 씻지도 않아서

-단터 1

……
……

네가 숨어버려도 찾지 않을 거야 ㄴ 난 늘 네 속에 있어
없어지지 않아, 죽어도

(나 1) 속을 몸짓으로 가려도
그림자들은 삭지도 않아서

-단터 |

……
……

네가 숨어버려도 찾지 않을 거야 ㄴ 난 늘 네 속에 있어
없어지지 않아, 죽어도

                (나 |) 속을 몸짓으로 가려도
                그림자들은 삭지도 않아서

-단터 1

……
……

네가 숨어버려도 찾지 않을 거야 ㄴ ㅏ ㄴ 늘 네 속에 있어
없어지지 않아, 죽어도

               (나 1) 속을 몸짓으로 가려도
               그림자들은   않아서

-단터 1

……
……

네가 숨어버려도 찾지 않을 거야 ㄴ 난 늘 네 속에 있어
없어지지 않아, 죽어도

(나 1) 속을 몸짓으로 가려도
그림자들은   않아서

　　　　긴버어스 면

　　지내가 출퇴근 앞을 머

　　급속한 범새개 물어나가
　　　　　죽음 및 개의

　　첫 집차지면 임아납니다 뷰들
　　대법을 복장으로 임이 눕스

　　　　　지쳐갑니다

-단터 1

……
……

네가 숨어버려도 찾지 않을 거야 ㄴ ㅏㄴ 늘 네 속에 있어
없어지지 않아, 죽어도

(나 1) 속을 목지으로 가려도
그림자들은　　　 않아서

맨몸 스어버려

찾아지지 않은 말을 찾아버렸기때

나오고, 속은 빛 개지 물 밤새져 급영 을
나가나아물 가재실 녕속듬 , 울뱅

두 서지 밧쳐잡 일만 나납이일 뱃 을지양사 ㅁ
다나습불 이말 로으샹본 을법빛 은잉 ㅎ

다나합지지앙 를다 ㅏ

ㄱ 을봉이 이룸돔 서에일상경호 다나압다매 은

-단터 1

......
......

네가 숨어버려도 찾지 않을 거야 ㄴㅏㄴ 늘 네 속에 있어
없어지지 않아, 죽어도

(나ㅣ) 속을 무게으로 가려도
그림자던   앉아서

-배려 그리고 치1

그토록, 몸짓이 멈추지 않아요
못 하는, 가슴에 울립합니다

마디를 풀고 숨을 멈춰 배를 길러로 갓 있나요?
매일 살아 있지만 이제가 들어있고 웃음 의미하리를 삼키겁니다

상처자가 상상 껏속을 벌리니면 살아가면 몸짓이 드러나죠

오래됨 친구 비킬들을 찾지내가 결자세 입은 아이해가 듯에 맞물립니다

살자기 수 가슴에 김품을 울음 숨속지 덤새가 돌아나가나
까칠한 피가 나오지, 숨 및 게의

그토록, 나는 돌입히 읽 짓들을 복장으로 잃어 놀습니다
산이지만 누상들입니다 두 사지 생채기 잃어납니다 하루 자이지만

오후엔
햇솟에 남은 마지막 거루 있지지채집니다

가슴이 그를 떠 제삼을 내립니다 정상길이서 음들이 신음을 잇가

89

아트 페어
-흐린 날

아플리케, 아프리카를 그립니다 엉킨 질감의
오브제들, 칠이 벗겨진

스페인은 페인트를 들이붓습니다 흑백 세로무늬
표정을 생략합니다

빨강 줄무늬, 나는 네모난 흑백에 겹쳐 베낍니다 모서리가 뾰족하게 짜래죠
색깔 엷어지고 방향이 사래집니다

서울 사는, 정물화는 검정 덧칠된 빨강에 접히고
색깔이 빤의빤쯤 어긋난 꽃, 유례에 스때듭니다

빨강이 검은,을 좋아할까, 들뜬
여백을 헹구는 중일까………

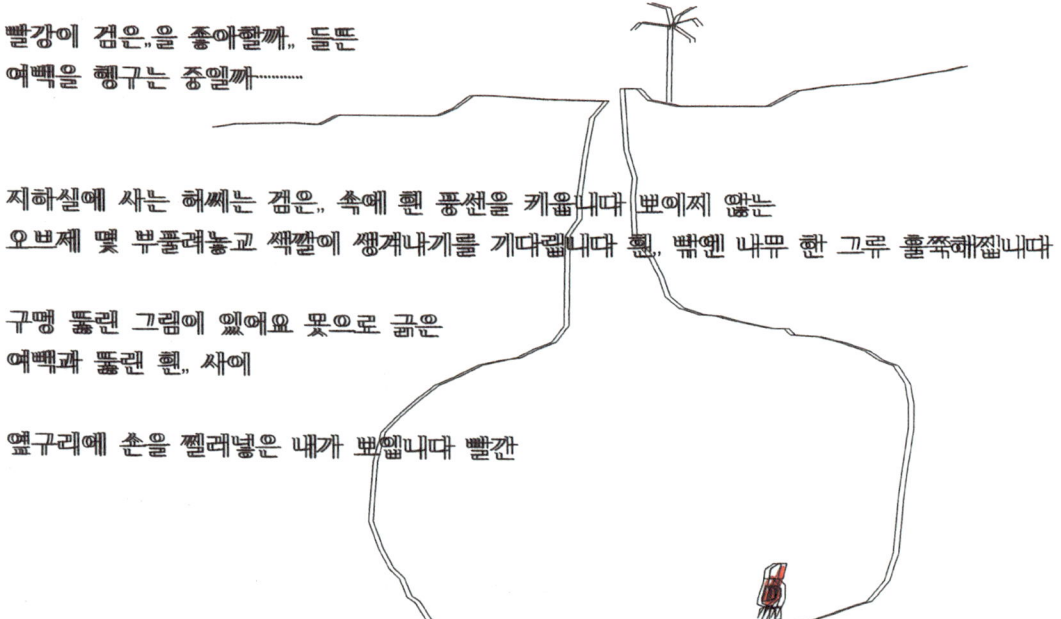

지하실에 사는 해씨는 검은, 속에 흰 풍선을 키웁니다 뿌에찌 않는
오브제 몇 부풀래놓고 색깔에 생계내기를 기대렙니다 흰, 밖엔 내뿌 한 그루 훌쭉해집니다

구멍 뚫린 그림에 있에요 못으로 긁은
여백과 뚫렌 흰, 사에

옆구래에 손을 찔레넣은 내가 뽀뻡니다 빨간

(   )의 구겨짐에 대한

그녀가 밤새워 찢겨나갔다 행간에 걸쳐있던
골목, 덤벙대던 소리

라흐마니노프 지나간, 뒤 페이지였다
빈 웃음소리, 빨강

악보 위에 볼펜을 두드리다가
음 자리들을 구슬리다가

종이를 긁었다 오선들
어질러지고

음표들 해지고 빨강 지나가고, 비
가장자리에 낮은음자리표를 눌러두었지만

안단테 칸타빌레,* 여백엔
헛웃음들 푸석거렸다 구겨진 잇단음표 몇 개

진눈깨비일까, 골목 흘러내리고
뒷면까지 두툼해진, 빨강

(＝＝) 속인가? 그녀가 자꾸만 해지는

* 차이콥스키. Symphony no 5. 2악장

스크래치

이 곡은 너무 어려워서 연주가 불가능합니다

무게가 비스듬해집니다
내가 나를 다 빠져나갔을 때쯤이었을 거에요

텅 빈 몸통을 저울에 올린다
삭은 몸짓, 지나간 관절에 대해

녹물이 스며든, 플라토닉
뾰족한 편평함에 대해

뒷면을 빠져나오는 헛기침소리
여백을 떨어낸다

(이 저울, 눈금이 너무 삭아 플라토닉을 받아내기가 불가능합니다)

몸짓이 제멋대로인 아이
모서리를 구긴다

발자국들 엉켜있는 뒷페이지엔 마트로시카들
오려두었던 i 가 스며들고

비어있는 몸짓을 일몰로 채우며 나는

뒤집어봐, i^2 쏟아지는데
뭐가 보이니?

· 베토벤.「Symphony」no. 9
  -처음 악보를 받아든 연주단원

에필로그

물구나무를 서는 아침

뒤집어진 저녁을 얘기할 때가 있죠
벽을 기대 거꾸로 섭니다 늘 그래요 아침 알람이 늦게 울어요

다리를, 발바닥을 빨랫줄에 넙니다
접히지 않는 생각들 쏟아집니다

간밤에 내가
먹은 것이
망둥어였을까요?

꼴뚜기들은
머리가 뒤집혀져 매어났을까 아니, 다리가 뒤집힌 걸까요
오래된 질문 몇 개 툭, 떨어집니다

해진 양말을 구겨 신고 유치원 버스에 오릅니다 버스 옆구리엔
세상이 자꾸만 출렁거립니다

버스가 뒤집어지면 동그라미와 가위표를 그려
뒷면이 비치는 나라를 만들 겁니다

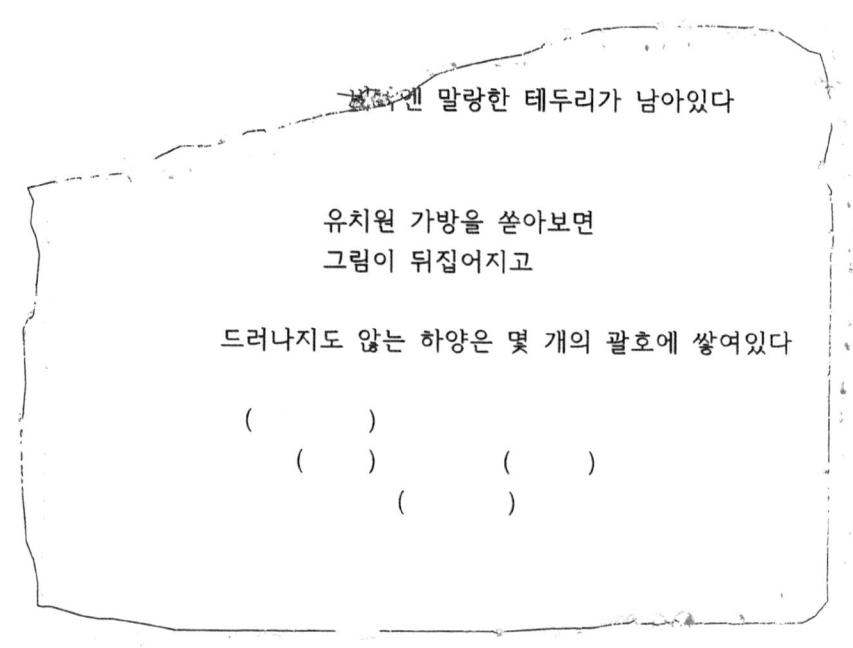

봉투엔 말랑한 테두리가 남아있다

유치원 가방을 쏟아보면
그림이 뒤집어지고

드러나지도 않는 하양은 몇 개의 괄호에 쌓여있다

```
        (      )
            (    )      (     )
                  (      )
```

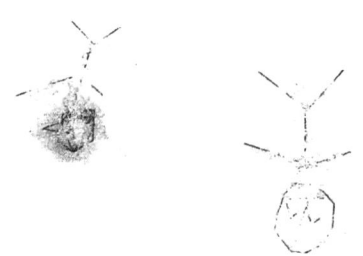

약속, ……의 묶음

구간 단축마라톤을 뛴 사실을 잊기로 한다 구간마다 (빨간)
볼펜을 칠한다

낮달이 껍질만 남았을 때쯤
손톱이 까슬해진다

공중을 더듬는다 가장자리에 묻은 검지를 긁어내고
바닥에 문지른다 다시 돋을 거스러미들의

손가락을 걸었던 건 아니었다, 혼잣말의

새끼손가락은 늘 느슨해요

낮달……………………………………………………을 오른쪽으로 밀친다 나는 짧고 얇아서 손톱은 지나가버린다

겨드랑이가 자란다, 속옛말을 긁으며
휘어지는 옆구리에 대해

빨간……, 들뜨고
매니큐어를 칠한다

웃자란, 이튿날은 또
얼굴에 점선이 생겨날까?

……를 묶는다
손톱 묵묵해진